레몬으로 돈 버는 법

❷

주요 경제 지표들에 깊은 존경을 표하며

내가 파는 레모네이드는 세상에서 가장 맛있어.
친구들은 내 레모네이드를 하루라도 안 먹으면 못 살겠대.

피위는 자동차 닦는 일을 해. 샌디는 잔디를 깎고.
다이앤은 개집을 만들어 팔아.
조니는 내 레모네이드 가게에서 일하지.

다들 **이윤**도 많이 남기고 **임금**도 충분히 받아.
그래서 레모네이드도 사고 개집도 살 수 있어.
그러면 경기는 **상승세**를 타고 **경제 전망**도 **밝아져**.

그런데 흉년이 들어서 레몬 수확량이 뚝 떨어지면,
레몬 **공급**이 **감소**해.

그래도 아이들이 레모네이드를 계속 사 먹으니까,
레모네이드의 **수요**는 **감소하지 않아**.
레모네이드의 수요가 감소하지 않으니까,
레몬의 **수요**도 **그대로**지.

하지만 레몬이 부족하기 때문에 레몬 가격이 올라가.
이것을 **원료비 상승**이라고 해.

그러면 나도 레모네이드 가격을 올릴 수밖에 없어.
레모네이드 **가격**이 **인상**되는 거야.

레모네이드 가격이 비싸지면,
다이앤은 레모네이드를 사 먹으려고 개집 가격을 올릴 거야.
개집 **가격**이 덩달아 **인상**되는 셈이지.

피위와 샌디도 레모네이드를 사 먹을 돈이 부족하니까,
임금을 **올려 달라**고 해.

조니가 개집을 사려는데,
개집이 너무 비싸서 살 수가 없어.
조니는 **생활비**가 **부족**하니까, **임금**을 **올려 달라**고 하지.

이렇게 **임금**도 **인상**되는 거야.

조니의 임금을 올려 주면 나는 레모네이드 가격을 또 올려야 돼.
이렇게 해서 **임금**과 **물가**가 함께 상승하는 **악순환**이 일어나.

레모네이드, 개집 같은 **재화**의 가격이 **상승**하는 것처럼
세차나 잔디 깎기 같은 **서비스**의 가격도 **상승**해.
그렇다고 피위가 세차를 더 자주 한다거나
다이앤이 개집을 더 많이 만들지는 않아.
생산성은 **그대로**지.

이것이 바로 **인플레이션**이야.

다들 **물가**가 **올랐다**고 투덜거려.

그러면 어른들은 어떻게 **인플레이션**을 **억제**할지 의논해.

어른들이 나와 다이앤한테 레모네이드 가격과 개집 가격을 올리지 말라고 해. 이것이 **물가 동결**이야.
피위와 샌디와 조니한테도 임금을 올려 받지 말라고 해.
임금도 **동결**시키는 거야.

이렇게 해서 수입과 지출이 증가하는 것을 막는 거지.
그러면 **물가**가 **안정**될 거야.

그런데 레모네이드에 쓰이는 설탕 가격이 오르면 어떻게 될까?
먼저 내가 레모네이드를 팔아서 버는 **이윤이 줄어들** 거야.

이윤이 줄었는데도 가격을 올릴 수 없다면
나는 조니를 **해고**할 수밖에 없어.
조니한테 주던 임금을 내가 이윤으로 가져야 하니까.

조니는 **실업자**가 돼. **실업 문제**가 생기는 거지.

개집을 만드는 나무판자 가격도 올랐다고 해 봐.
하지만 개집 가격은 올리지 못하니까,
다이앤네 같은 **작은 기업**은 **망할 수도 있어**.
다이앤도 실업자가 되면 **실업 문제**는 **더욱 심각해지지**.

다이앤이 잔디 깎는 일에 뛰어들면,
일자리를 두고 **경쟁**이 일어나.
잔디밭은 그대로인데,
잔디 깎는 아이들 수가 늘어나니까.

잔디 깎는 일자리는 점점 **부족해져**.

조니가 세차 일을 하겠다고 나서면 세차 일자리도 **부족해져**.
자동차 수는 그대로니까.

다이앤과 조니가 다른 사람보다 **싼 임금**을 받으면,
피위와 샌디는 일자리를 잃게 되지.

하지만 다이앤과 조니도 돈을 조금밖에 벌지 못해.
피위와 샌디는 돈을 아예 못 벌고.
다들 **소득**이 **충분하지 않아**서 레모네이드를 사 먹지 못해.

실업이 증가하고 소비가 급격히 감소하면,
경제 전망은 몹시 어두워져.

어른들은 어떻게 **경제**를 **활성화**할지 다 함께 의논해.

첫 번째 방법은 돈을 푸는 거야.
아이들에게 **실업 급여**를 주면,
아이들은 그 돈으로 레모네이드를 사 먹을 수 있어.

두 번째 방법은 **일자리**를 새로 만드는 거야.
아이들은 스스로 돈을 벌어서 레모네이드를 사 먹게 되지.

세 번째 방법은 **작은 기업**에 **자금**을 **대출**해 주는 거야.
그러면 일자리가 늘어나서 아이들은 일을 할 수 있게 돼.

이런 방법들이 효과가 있으면,
실업이 **감소**하고 생산이 **증가**해.
우리 레모네이드 가게의 **전망**도 **밝아져**.

경제가 다시 **호황**을 맞았어!

글쓴이 **루이스 암스트롱**
광고 일을 하면서 서평이나 잡지 기사를 쓰고 그림도 그리는 등
다양한 분야에서 활동하는 재능과 열정이 넘치는 작가이다.
『레몬으로 돈 버는 법 1』, 『레몬으로 돈 버는 법 2』는
『우당탕! 쿵쾅! 쿵! 소리의 비밀』에 뒤이어 내놓은 작품으로
그녀의 쌍둥이 두 아들, 알렉시와 노아를 위해 썼다.
현재 남편과 아이들과 함께 미국 뉴욕에서 살고 있다.

그린이 **빌 바소**
미국의 대표적인 일간신문 《뉴욕타임스》, 미국의 남성 패션 잡지
《에스콰이어》, 미국의 어린이 잡지 《세사미 스트리트 매거진》 등에서
작품을 발표하고 있다. 아내 마리와 세 명의 자녀들인 빌리, 제임스, 마리
모두 그림 그리는 일을 하고 있다. 현재 미국 뉴저지 주에 살고 있으며 취미 생활로
정원의 동물들과 새들을 관찰하거나 정원을 가꾸는 일을 한다.

옮긴이 **장미란**
1971년 전남 목포에서 태어나 고려대학교 영어교육학과를 졸업했다.
현재 어린이 책 전문 기획실인 햇살과나무꾼에서 영어 번역을 하고 있다.
옮긴 책으로는 『크릭터』, 『미술관에 간 윌리』, 『물덩이 아저씨』 등이 있다.

레몬으로 돈 버는 법—❷

1판 1쇄 펴냄—2003년 6월 16일, 1판 24쇄 펴냄—2024년 4월 12일
글쓴이 루이스 암스트롱 그린이 빌 바소 옮긴이 장미란 펴낸이 박상희
펴낸곳 (주)비룡소 출판등록 1994. 3. 17.(제16-849호)
주소 06027 서울시 강남구 도산대로1길 62 강남출판문화센터 4층
전화 02)515-2000 팩스 02)515-2007 홈페이지 www.bir.co.kr
제품명 어린이용 각양장 도서 제조자명 (주)비룡소 제조국명 대한민국 사용연령 3세 이상

HOW TO TURN UP INTO DOWN INTO UP by Louise Armstrong and illustrated by Bill Basso
Text Copyright ⓒ 1978 by Louise Armstrong
Illustrations Copyright ⓒ 1978 by Bill Basso
All rights reserved.
Korean Translation Copyright ⓒ 2003 by BIR Publishing Co., Ltd.
Korean translation edition is published by arrangement with Louise Armstrong and Harcourt, Inc..

이 책의 한국어판 저작권은 Louise Armstrong & Harcourt, Inc.와 독점 계약한 (주)비룡소에 있습니다.
저작권법에 의해 한국 내에서 보호받는 저작물이므로 무단 전재와 무단 복제를 금합니다.

ISBN 978-89-491-7062-6 74840/ ISBN 978-89-491-8211-7(세트)

지식 다다익선 시리즈

❶ **에스키모 아푸치아크의 일생**
폴 에밀 빅토르 글 · 그림/ 장석훈 옮김

❸ **티나와 오케스트라**
마르코 짐자 글 · 빈프리트 오프게누르트 그림/ 최경은 옮김

❹ **티나와 피아노**
마르코 짐자 글 · 빈프리트 오프게누르트 그림/ 배정희 옮김

❺ **티나와 리코더**
마르코 짐자 글 · 빈프리트 오프게누르트 그림/ 강혜경 옮김

❻ **해저 지도를 만든 과학자, 마리 타프**
로버트 버레이 글 · 라울 콜론 그림/ 김은하 옮김

❼ **레몬으로 돈 버는 법 1**
루이스 암스트롱 글 · 빌 바소 그림/ 장미란 옮김

❽ **레몬으로 돈 버는 법 2**
루이스 암스트롱 글 · 빌 바소 그림/ 장미란 옮김

❿ **뿌지직!** – 그거 알아? 사람들이 어떻게 똥을 누며 살았는지!
채리즈 메러클 하퍼 글 · 그림/ 이원경 옮김

⓫ **나는 평화를 꿈꿔요**
유니세프 엮음/ 김영무 옮김

⓬ **안녕하세요, 그린피스**
사이먼 제임스 글 · 그림/ 유시주 옮김

⓭ **동물 나라의 디자이너 여우**
이미영 글 · 그림

⓮ **발명가 매티** – 종이 봉지 기계를 만든 여자 발명가 매티 나이트 이야기
에밀리 아널드 맥컬리 글 · 그림/ 김고연주 옮김

⓲ **토끼와 거북이의 세계 일주**
셜리 글레이저 글 · 밀턴 글레이저 그림/ 박정석 옮김

⓳ **자연재해로부터 탈출하라!**
최영준 글 · 민은정 그림

㉑ **엄마 등에 업혀서**
에머리 버나드 글 · 더가 버나드 그림/ 박희원 옮김

㉒ **남극에서 온 편지** – 우리 삼촌은 세종 기지에 있어요
한정기 글 · 유기훈 그림

㉓ **갈릴레오, 목성의 달을 발견하다**
진 페테나티 글 · 파올로 루이 그림/ 이원경 옮김

㉘ **소원을 말해 봐** – 꿈이 담긴 그림, 민화
김소연 글 · 이승원 그림

㉜ **너랑 나랑 뭐가 다르지?**
빅토리아 파시니 글 · 그림/ 김소희 옮김

㉝ **제비 따라 강남 여행** – 제비의 눈으로 본 아시아 지리 문화 이야기
신현수 글 · 이영림 그림

㉟ **안녕, 여긴 열대 바다야** – 해양 체험 삼총사, 남태평양으로 가다
한정기 글 · 서영아 그림/ 박흥식 감수

㊲ **할머니 제삿날**
이춘희 글 · 김홍모 그림

㊳ **민주주의가 뭐예요?**
박윤경 글 · 송효정 그림

㊴ **조선 선비 유길준의 세계 여행**
이흔 글 · 조원희 그림

㊵ **세상의 모든 어린이들**
멤 폭스 글 · 레슬리 스타웁 그림/ 김기택 옮김

㊷ **스티브 잡스** – 세상을 바꾼 상상력과 창의성의 아이콘
남경완 글 · 안희건 그림

㊸ **금동이네 김장 잔치**
유타루 글 · 임광희 그림

㊹ **불똥맨, 불이 나면 어떡하죠?** – 어린이가 꼭 알아야 할 화재 안전 이야기
에드워드 밀러 글 · 그림/ 노은정 옮김

㊽ **지구가 더워지면 북극곰은 어떡해요?**
캐럴라인 아널드 글 · 제이미 호건 그림/ 윤소영 옮김

㊾ **평화는 무슨 맛일까?**
블라디미르 라둔스키 글 · 그림/ 최재숙 옮김

㊿ **빨간 날이 제일 좋아!** – 국경일을 통해 본 우리나라의 역사와 문화
김종렬 글 · 이경석 그림

(51) **촌수 박사 달찬이** – 우리 가족의 촌수와 호칭을 알아볼까?
유타루 글 · 송효정 그림

(52) **안녕, 여긴 천문대야!**
이지유 글 · 조원희 그림

★ 계속 출간됩니다.